# DOLORES ALEGRES Y ALEGRÍAS DOLOROSAS

ExLibric

VALERIA BUSHKEVICH

# DOLORES ALEGRES Y ALEGRÍAS DOLOROSAS

EXLIBRIC
ANTEQUERA 2025

**DOLORES ALEGRES Y ALEGRÍAS DOLOROSAS**
© Valeria Bushkevich
Diseño de portada:

1ª edición

© ExLibric, 2025.

Editado por: ExLibric
c/ Cueva de Viera, 2, Local 3
Centro Negocios CADI
29200 Antequera (Málaga)
Teléfono: 952 70 60 04
Fax: 952 84 55 03
Correo electrónico: exlibric@exlibric.com
Internet: www.exlibric.com

ISBN: 979-13-88079-19-1
Depósito Legal: MA 1914-2025

Impresión: PODiPrint
Impreso en Andalucía – España

Nota de la editorial: ExLibric pertenece a Innovación y Cualificación S. L.

VALERIA BUSHKEVICH

# DOLORES ALEGRES Y ALEGRÍAS DOLOROSAS

*A mis padres, Natalia y Anatoli, y a mi hermanito,*
*Artemi, que de todo este poemario entienden*
*solo una palabra: «corazón».*

Маё сэрца - гэта вы

# DOLORES ALEGRES

# Índice

# MI ALETEO

Vuela, vuela, mariposa,
todo ya se ha acabado.
Vuela, vuela, mariposa,
sin llorar por el pasado.

Vuelve, vuelve, mariposa,
al lugar donde amabas.
Vuelve, vuelve, mariposa,
olvida con quién estabas.

Tan arriba, mariposa,
pa que nadie nunca vea.
Tan arriba, mariposa,
por más triste que estuvieras.

Ten cuidado, mariposa,
soledad te hace daño.
Ten cuidado, mariposa,
horas se convierten en años.

Vuela, vuela, mariposa,
más allá del horizonte.
Vuela, vuela, mariposa,
pero… ¿para qué?, ¿a dónde?

# Quién sabe

Quién sabe por qué me haces
pensar en tus besos en el cuello.
Cuando se apaga el cielo
se oyen susurros de mares.

Quién sabe por qué me sueñas
sin flores, estrellas brillantes.
Cuando todos los amantes
desaparecen en señas.

Quién sabe por qué me dices
palabras dichas a nadie.
Cuando se destruyen detalles
del cuadro de tiernos matices.

¿Por qué tú ya no me amas?
Me ahogué en tu suspiro.
Encontraré el retiro,
luchando contigo sin armas.

# AMOR ~~IMPOSIBLE~~ INVISIBLE

Estamos en diciembre,
ya lo sabes,
echándote de menos,
yo me muero.
Te busco en todas partes,
tú, ¿quién eres?
No sabes tú lo mucho
que te quiero.

Te siento en la sombra
de mis sueños.
Tus labios no me besan
cuando llueve.
Tu espíritu me sigue
a cada paso.
¡Te espero y no lo dejo!
Nadie viene…

Decían que cantábamos en vano.
La luna llena llora por belleza.
Corriendo sin velocidad, temprano,
dos rostros que adoran la tristeza.

Escondes en el sol tu silueta,
el corazón hundiéndose al tacto.
Estamos en abril, no soy poeta.
No te conozco, ya enamorada.

# PREGUNTONA

¿Para qué vives? ¿Y con qué sueñas?
¿Por qué engañas? ¿Cómo te alegras?
¿De dónde vienes? ¿Por qué no duermes?
¿Cómo encuentras? ¿Y cuánto pierdes?

¿Cómo odiabas? ¿Cuándo amabas?
¿A quién abrazabas? ¿Dónde cantabas?
¿Cómo olvidas? ¿De quién te acuerdas?
¿Cuánto llorabas? ¿Por qué sonríes?

¿Con quién respiras? ¿A dónde corres?
¿Por qué esperas? ¿Y cuándo rezas?
¿Para quién vives? ¿Y con quién sueñas?
¿A quién engañas? ¿A quién le alegras?

# Suspiros cortos

El frío por la piel.
Tus labios… son la miel.
Mi corazón infiel.
Cortinas de papel.

Silencio de los dos.
Vacila ya tu voz.
Lo supo solo Dios.
Sí, despertándonos.

No se notó, me fui.
El aire de aquí
no era para mí.
El sol, yo lo perdí.

Deseo de matar,
hablaba sin parar.
Un mundo de volar
y nunca regresar.

Tu cuerpo yo dañé,
mi alma estrené.
¡Por fin les engañé!
Jamás la abriré.

Como si fuera yo,
la sombra no llegó.
Mi fe te devoró,
tu luz me envidió.

Palabras, un montón.
Se baja el telón.
Allá mi destrucción
no llora del balcón.

He visto, me lo di,
el esperado «sí».
El amor en que creí
no vuelve a ser así.

# TODO SE ACABA

No te culpes, todo se acaba.
Lágrimas son el mejor alivio.
El tiempo pasa sin hacerlo grave.
Solo te quedas tú en el delirio.

La angustia grita desde el techo.
*Huéspeda* será inevitable.
Y no duele tanto ya tu pecho,
el corazón latiendo incansable.

Nunca más dibujaré el paisaje,
el que vimos cada madrugada.
Cállate, parece un chantaje,
el amor ha sido rechazado.

El alfabeto no tendrá más letras,
mientras números son infinitos.
Correré a donde tú no vengas,
los lugares deben ser malditos.

Te lo pido, sana las heridas
que harán sangrar nuestra memoria.
Hoy ajenos, mas ayer queridos,
como si importara la gloria.

No te culpes, todo se acaba.
Lágrimas son el peor alivio.
El tiempo pasa y lo hace grave.
Solo mueres tú en tu delirio.

# Lingüistas y ludópatas

Hablamos idiomas diferentes,
a veces no entiende uno al otro.
Nos unen solo las pasiones ciegas.
¿Tú tienes ganas? Yo de ti tampoco…

Quiero que leas bien mis sentimientos,
que veas tú mis gestos tan ocultos.
Tú fuiste el mejor descubrimiento,
el amor fue convertido en un culto.

Pasan los años, el fuego no se apaga.
Añadirás palabras en el libro.
Te creo, pero suelta la espada.
Hoy quiero olvidarme y ser libre.

No pude comprender tu idioma.
Yo nunca entendí todo lo dicho.
Abrí los ojos claros de la aurora.
Nuestra historia era una ficha.

# 10:00

Amores siempre llegan de repente,
como racha de viento al cristal.
¿Quién es? Soy yo, aunque estoy enfrente
de ti, y no me ves tras el ventanal.

Jamás me llamarás a mí «cariño».
Se olvidarán canciones sobre mí.
Ibas a maldecir nuestro destino.
Nadie sabía que sería así.

Dos pasos encontraron dos senderos,
y sin saber a dónde caminar,
tendrás que levantar la vista al cielo:
estrellas no te van a preguntar.

Perdóname, escucha, te lo ruego.
No quiero despertarme otra vez.
Las puertas sordas.
Se murió de fuego
el tiempo del amor, hoy, a las diez.

# CUANDO CERRABA LOS OJOS

Se disuelven mil palabras
en las mares de dolor;
caen lágrimas y ramas
destruyendo una flor.

Llévame en lo profundo
de tus sueños, corazón.
Paseamos por el mundo,
te olvido sin razón.

Paso a paso, con ternura
solo bailo para ti.
Tus suspiros son dulzura,
el sabor a carmesí.

Por orillas de tu alma
busco el aire pa volar;
en el rostro con tu calma
hay canciones, sé cantar.

Pronto quemaré recuerdos,
no me digas nada más.
Yo te echo ya de menos,
encontrémonos jamás.

Ya me basta el latido
escrito en una postal,
ecos de color hundido
por la nube invernal.

Gritos, risas, abrazados
los misterios del amor.
Te respiro y no me siento.
No te vayas, por favor.

# LA CONOCES

¿Cuál es tu nombre, niña?
¿Por qué estás siempre triste?
¿Perdiste tu camino?
¿Recuerdas? Me dijiste

que no tenías tiempo,
palabras de decirme;
que dolía tu cuerpo,
sus ojos te castigan.

No hay nadie a tu lado,
el corazón vacío.
Soy indeterminada.
Tus lágrimas, un río.

Los gritos se han callado.
La noche es oscura.
Tu cara asustada.
Se frena el apuro.

Mis sufrimientos dulces.
Lamer un vino caro.
Hoy solo tú conduces.
Promesas… son de barro.

Saludo despidiendo
y nunca para siempre.
Olvida el momento
y mi alma tan ardiente.

¿Quién dice todo eso?
Eco de ojos secos.
Silencio ruidoso.
Me voy sin ti muy lejos.

Son leyes de la gente.
No tengo la edad.
Anda la sombra enfrente.
Me llamo Soledad.

# IL RINASCIMENTO

Dibuja para mí tu rostro,
que amo desde hace mucho.
*Dipingi i sogni solo nostri.*
*Sull'onda del tuo amor mi brucio.*

Ponle la luz a la silueta,
eres el brillo de mi vida.
*Tieni il mio cuore stretto.*
*Le bozze mai sono fallite.*

Besos más finos que una brocha,
confío en manos del artista.
*Allora, mischiamo una goccia*
*con i colori meno tristi.*

Verdes, azules, amarillas,
te obedece la paleta.
*Ci perderemo a tre miglia.*
*Il caldo di là ci si rientra.*

Últimos toques, suavemente.
Tu amor, el arte… el más fuerte.
*Coi baci spingi la mia mente.*
*Il capolavoro non si vende.*

# No te voy a decir que te amo

No te voy a decir que te amo,
porque sabes ya todo y más.
Las canciones y versos declamo
para ti, sobre ti y nadie más.

No te voy a decir que te amo,
porque sientes mi luz y temor
de perderte, me muero y sigo
escuchando en tu pecho el dolor.

No te voy a decir que te amo.
Te entregué el corazón y habrá
mucho más que daré sin pensarlo,
todo el mundo y lo que vendrá.

No te voy a decir que te amo,
cosas obvias se dicen en paz.
Yo respiro tu aire cercano,
la distancia me hace incapaz.

No te voy a decir que te amo,
porque sabes ya todo y más.
A quedarte en mi vida te llamo.
Yo te amo, no lo olvides jamás.

# ERAS

Eres mi herida más profunda
que tú mismo curas sin tocar.
Contigo me siento vagabunda
y, a la vez, amada en tu hogar.

Eres mi «porqué» y mi «por eso».
Tienes las respuestas que no sé.
Más apasionado que un beso,
para amarte solo volaré.

Eres mi canción más favorita,
la que siempre quiero repetir.
El frío del alma se derrita,
nunca volverá a existir.

Eres mi sonrisa soleada
que al verla deja sin hablar.
Viva seguiré con tu mirada
y *quemá* de tanto anhelar.

Eres mi amor, el infinito,
mi sueño despierto y calidez.
El cielo te me ha prometido,
más y más te amo cada vez.

# Condicional, presente, futuro

Te bailaría, bailo, bailaré
bajo la luna de plata y el cielo.
Las melodías tiernas cantaré,
temblando te diré que yo te quiero.

Felicidad, pequeño pajarito,
tan elusivo y no fácil de encontrar.
Mientras, el amor, la música bendita,
la que las aves suelen susurrar.

Te besaría, beso, besaré
muy suavemente, como primavera.
A las estrellas yo te llevaré.
Toma mi corazón, el más sincero.

La vida juega y no quiere juzgar
a los que siempre se atreven y aman.
Ya no me hace falta más buscar:
contigo mis nubes se aclararon.

Te contaría, cuento, contaré.
Aún el libro no se acostumbra.
Los sentimientos vivos enviaré
al sueño volador de tu penumbra.

Que diga el viento que se pierde aquí,
el sol que llama al amor «capricho».
No me importa lo que yo oí,
sino lo que un día me fue dicho.

Te amaría, amo, amaré,
que las palabras no pidan perdones.
Y a tu lado yo me quedaré,
si lo permitas y no me abandones.

# ... Y LO FUISTE

Si fueras tú el mar,
me finjo una brisera.
Me petrifico entera,
las olas al besar.

Si fueras tú un ave,
mirándote tan suave,
sería una hoja
cayéndome callar.

Si fueras tú un secreto,
lo tomaría al reto.
Rezando en tu silencio,
no hay que revelar.

Si fueras tú la noche,
yo sin ningún reproche
admiraría el cielo,
la luz de liberar.

Si fueras tú el alma,
vagando y con calma,
respiraría eterno
al corazón tomar.

Si fueras tú mi vida,
estaría perdida.
Buscando me encontraste,
amar es aliviar.

# RECUERDOS VIDENTES
# DE UN AMOR CIEGO

Las luces susurran tu nombre.
El cielo respira por ti.
Escondes tu voz en la sombra.
Lloraba la noche y me fui.

Te busco en desconocidos.
Recuerdo tus labios, el sabor.
Mejor es sufrir y no el olvido.
Amor vive más que una flor.

Tu toque siempre estaría
besándome con tu piel.
Parándote se quedaría
mirada, la tuya, tan fiel.

Me guardas de todo lo malo.
La vida latiendo en mí.
No basta ya un simple «te amo».
No quiero estar más sin ti.

# Como

Como el sol va a besar la tierra
con rayos tibios para acariciar,
voy a besarte alcanzando sierras.
Tus ojos, mi razón de contemplar.

Como el mar va a abrazar la arena
con olas suaves, la respiración,
voy a abrazarte con placer del cielo.
Tu voz es algo más que una canción.

Como el viento corre por los prados
con su paciencia y sin perseguir,
voy a correr por ti nunca parada.
Tus huellas, mi camino de vivir.

Como el fuego da el calor a la noche
con la pasión que no se apagará,
voy a encenderte si me desabrochas.
Tu boca, mi imán para pegar.

Como el corazón nos da la vida
con melodía dando a sonar,
voy a darte el mundo pa tu alegría.
«Tú» significa para siempre amar.

# SUEÑO

Sueño con bailar contigo lento
y mirar estrellas tan brillantes.
Son inolvidables sentimientos,
el amor tiene un valor constante.

Sueño con tomarte de la mano,
con vagar por el planeta juntos.
No entiendo lo que es «temprano».
Hay «ahora» en vez de mil puntos.

Sueño con llamarte siempre «mío»,
con besarte a ti medio despierto.
Me parecen nada desafíos.
Ya no temo al corazón abierto.

Sueño con nosotros abrazados
después de haber salvado el mundo.
Si quieres, huir como gitanos.
Vivirá el deseo más profundo.

Sueño con las buenas y las malas,
y diciéndote cómo te quiero,
voy a eclipsar nubes lejanas.
Nada puede ser tan verdadero.

Sueño con… contigo, vida mía.
Se abrieron todos los caminos.
Ten mi «sí» y te lo repetiría.
Elegimos tú y yo el destino.

# ÉXTASIS ELEMENTAL

Llévame lejos, viento,
que se me corte el aliento.

Tómame fuerte, aire,
hasta morirme en un baile.

Llórame mucho, lluvia,
hazme una esclava tuya.

Échame abajo, cielo,
para no ser tan ajena.

Cúbreme entera, mar,
nunca podré escapar.

Quémame frío, sol,
no va a apagarse el farol.

Que estés firme, tierra,
traga la sangre de guerra.

Llévame lejos, viento,
mis alas siguen ardiendo…

# YA SIN

Con una tuya mirada,
el corazón se quedó desarmado.

Con tu abrazo, cariño,
volví a ser una niña.

Con tu beso apasionado,
yo no necesito más nada.

Con tu pasar por el mundo,
no sigo más vagabunda.

Con tu sonrisa de cielo,
se rompen las rocas de hielo.

Con tu mano de fuerte natura,
me siento en asilo seguro.

Con tu «te amo» sincero,
cada vez es como la primera.

\*\*\*

¿A dónde va el agua ya calmada
que cae desde los tejados con arrugas?
La traga tierra blanda y mojada,
gustando y ahogando en sus curas.

Las vías no olvidan cicatrices.
Las suelas pasan sin piedad alguna
como si las ventanas tan felices
esperaran un mes la nueva luna.

Te pienso y, al apretar mis manos,
está, no es fantasma, tu caricia.
Me guarda el corazón y no son lejanos
abrazos tuyos, allá prejuicios.

¿El mundo sabe bien qué es el amor?
No creo, pero se lo enseñamos.
La gente lo iguala al pudor
y así le cuesta, nunca nos paramos.

Intento explicar mis sentimientos,
que me dejan perder gravitación.
Te amo cada día y cada momento.
No dice lo que hay ni una canción.

Me pierdo y me busco levitando,
y tú estás con un paracaídas,
dispuesto a salvarme manejando,
aun si tienes miedo a las alturas.

Te extraño, sufro, corro, ¡qué locura!
Se arde, quema, explota la pasión.
Eres mi vida, paz y mi ternura.
La realidad parece una ilusión.

# YA QUE NO SABES EL COLOR DE TUS OJOS

Un bosque verde oscuro de maravillas
donde se hallan cortezas de robles por siglos.
Nos embriagan las notas fragrantes de lilas.
La madre tierra tejiendo está finos hilos.

Rayos de sol despertándose besan mis hombros.
Hierbas salvajes seducen, fruto prohibido.
Llora el aire pasando el rocío redondo
por hojas que piden que nunca más las olviden.

Las hadas no han sabido que hay escondidos
miles de joyas, un tesoro, y tan deseado
brilla el ámbar con gotas de oro más ricas:
un misterioso destino se ha creado.

¿Cómo llegar al camino que lleva al bosque?
Mapas se van a callar guardando el secreto.
Nadie lo encontrará por más que lo busque,
y son tus ojos, los únicos en todo el planeta.

# Buen provecho

Respiro el mismo aire de antes.
Voy caminando por las calles de las nubes
donde acaban de cantar nuestros besos.
No caigo en tu red por más que lances.

Imprudente y estúpido, extraño y sin sentido
soñar con el amor de un desconocido.
Dijiste que tenía un *crush* y me aprovechaste.
Que no te preocupen los aviones y su desgaste.

¿Y ahora qué? El *crush* lo tienes tú,
y no paras de soñar, de escribir.
¡Qué tipo duro! Esta vez *tu es foutu*.
Pues, entonces, ¡buen provecho para mí!

# El Sardinero

Océano mío…
y suena mejor que los «cielos» y «amores».
Que el cielo bese a las nubes
y es nada constante.
Se mueve el aire
y se cambian distintos colores.
Jamás van parándose, ni por un instante.

Amor… ¿se sabe lo que significa de veras?
El decir más barato que hay y sobrevalorado.
Tú confiesa si eres capaz de expresar
lo que hacia mí sientes.
Deshazte del dolor y del aullido
en tu corazón tan clavado.

Océano mío,
te canto, te adoro, te venero
y siempre en mis ojos
tus profundidades azules inmensos reflejan.
Te amo, océano mío,
y que el viento se lleve
mi canción hacia ti
y que en tus aguas mi amor
para siempre se quede.

# Sentido común
# (perdido)

Soledad igual a oscuridad
Asumir y fingir que estás
Hombres sin hombros
y sombras de sobra
Brasas frías, abrazos míos
Una mente que miente
inteligentemente
Lamento que no hubiera un encuentro
En el espejo no te reflejo
Que el principio principal de cada príncipe
es evitar lo evidente
Las mentiras se tiran por la ventana de mi libertad
¿Qué edad tiene el cielo?
Mejor no preguntarte
Odiarte no tiene sentido
común.

# ERRORES DE LA JUVENTUD

¿Te robo un beso? ¿Sí, puedo?
Y cómo responderte…
Tanto quería que te atrevieras anoche,
que fueras un ladrón dejando atrás los reproches.

«Sí, puedes», susurro y aun se pararon los coches.
Un beso, dos besos y me hundo
en la pasión del momento.
Me llamas, ni me acordaré del propio nombre.
Pasa sin ruido de la madrugada el viento.

Dejé las defensas al estar cerca de tu hombro.
No creo que haya miradas así; si me miras,
adorna de lazos y regálame dulces mentiras.
Cómo me mirabas tú, loco, no mira ningún hombre.

Sonrisa sincera, la tuya, como el fresco aire.
¿Te robo un beso? (asunto algo discutible).
Si solo supieras tú, loco, y no al contrario,
cuánto te costaría a ti aquel crimen horrible.

# Reflexiones frente al mar, que se supone que es salado y no lo es

Un beso más me regala el viento
Ya esta vez no me digas «lo siento»
Y miento si la realidad no me duele
¿Cómo se puede que tan suave la chispa se muere?

Más cerca y lejos, se cambian los extremos
Mi vida se pierde entre mil azulejos
Después vuelve a ser más serena
Más pura y vibrante como la primavera

El agua alivia el dolor por más que me pique
Su sal me lo cura como una tirita,
y que siga buscándome el aire atrevido
Las olas suspiran, acaso bendigan

Me paraliza el amor invisible
Promesas en vano y poco creíbles
El mundo, si miras, no es verosímil
Se convierte en humo lo que era tangible

# Ahí no es

Se despiden las cartas
y las olas respiran.
Luna ya que está harta
de tu no saber el camino.

Las riquezas del verde,
el vértigo de luces.
Hoy no dejo de verte,
vías huelen a cruces.

Llora el viento temblando.
Cantan mil mariposas.
Sufre un beso muriendo.
Somos solo una «cosa».

El tocarte con mirada.
Se asoman deseos.
Todo es todo y nada es nada.
Huellas salen a por un paseo.

Los latidos del teclado
no te importan y te reías.
El eco no te lo ha contado
por más fuerte que seas.

¡Piérdeme! Y no me pierdas…
Dame un dulce castigo.
Tu piel borra recuerdos.
Noche es nuestro testigo.

# Autopuja

Te reconozco desconociéndote.
Se rompe el aire por el toque de tus labios.
Hoy decidí odiar el mundo amándote.
Dejé de ver lo irreal con ojos grandes.

Te pido, por favor, ya es todo, basta.
El mar se lleva las promesas, y no palabras.
¡Señores! Hay un corazón que está en subasta.
Me toca renacer, ya tengo ganas.

# Puzle de piezas perdidas

La puesta se ha puesto una apuesta
y una lila se comió una camomila.
Sigo odiando el ajedrez,
que la mente me crea el estrés.
Se bajó riéndose de mí, me rindo.
Un ave vuela y es una clave.
El personaje no recibe homenaje.
Usaste el bisturí y yo me fui.
Cuando un dulce sabor es puro dolor,
rima para remar, yo soy el mar.
Y no niego que fuera ciega.
El tocar da un susto robusto
Volverá, volará…
Jamás mi alma consigue tu calma.

# Entrega cancelada

El eco mojado de tu mirada permanece
y crece dentro de mis entrañas floreciendo.
Escupiré espinas y lo que prevalece,
un laberinto abierto, ya me voy corriendo.

Me libera tu amor y me condeno yo constantemente.
Corta el dolor con tu hablar agudo.
La carta va buscando al remitente.
No me mandes más tus besos crudos.

# UNA NOCHE DE AGOSTO

Se cayó una pestaña fina de la luna
sobre el lecho infinito de estrellas.
Parpadean luces más lejanas y bellas.
Sigue el corazón y escoge una.

Hoy la brisa besa suavemente
sin dejar las huellas de suspiro.
Mi paz eres tú y por fin respiro.
El olvido se recuerda lentamente.

¿Cuál secreto llevará el brillo?
Olas imposibles de diamantes.
Sol y oscuridad no son amantes.
Lágrimas disuelven mi castillo.

Tu espejo pierde mil retratos.
La catarsis de amargura vive.
Me defiendo bien de mis pecados.
Ser humano siempre ha sido un crimen.

# No leas tu poesía en vano

Me lleva la tormenta de tu mente.
Palabras, las escondes en el bolsillo.
El amor te pega más que una corriente.
Correr peligros, cosa más sencilla.

Abrir el corazón te cuesta mucho.
Por cuestas altas cae el alma mía.
Yo soy pequeña como un cucurucho
de tu helado menos favorito.

Hazme un favor y respira bien, con calma.
Se van callando luces de tu cuarto.
Yo sé que el verano no es tu talla.
Sonriendo mi sentir y doler les parto.

¿Qué hago? ¿Y qué haces tú? ¿Qué quieres?
Voy a buscar respuestas en las nubes.
Espejos rotos, ¿a qué te refieres?
Mi ser más frágil en tus manos tienes.

# DOLORES ALEGRES Y ALEGRÍAS DOLOROSAS

ExLibric

VALERIA BUSHKEVICH

# DOLORES ALEGRES Y ALEGRÍAS DOLOROSAS

EXLIBRIC

ANTEQUERA 2025

**DOLORES ALEGRES Y ALEGRÍAS DOLOROSAS**
© Valeria Bushkevich
Diseño de portada:

Iª edición


© ExLibric, 2025.


Editado por: ExLibric
c/ Cueva de Viera, 2, Local 3
Centro Negocios CADI
29200 Antequera (Málaga)
Teléfono: 952 70 60 04
Fax: 952 84 55 03
Correo electrónico: exlibric@exlibric.com
Internet: www.exlibric.com

ISBN: 979-13-88079-19-1
Depósito Legal: MA 1914-2025

Impresión: PODiPrint
Impreso en Andalucía – España

Nota de la editorial: ExLibric pertenece a Innovación y Cualificación S. L.

VALERIA BUSHKEVICH

# DOLORES ALEGRES Y ALEGRÍAS DOLOROSAS

*A mis padres, Natalia y Anatoli, y a mi hermanito,
Artemi, que de todo este poemario entienden
solo una palabra: «corazón».*

Маё сэрца - гэта вы

# ALEGRÍAS DOLOROSAS

# Índice

# Paranomasia paranormal de un panorama paralelo de desgracia

En solidaridad con tu soledad, el sol sale poniendo la sal sobre la herida de tu alma salada que, solemnemente, dentro de ti salpica.

¿Duele?

# Carrera de corta distancia

Desesperadamente lejos soñaban dos almas gemelas
Separadas hace un siglo por la noche
Temblando tanto y tanto deseando
Llega el día X, las almas se reúnen
Después de haber muerto esperando
¡Error de cálculo, señores!
Uno se medica, otro corre
Dos almas sí, gemelas no
Prefiere una sollozar
Otra con ganas de volar

# EMPALAGOSA Y QUÉ

Una mujer de azúcar, dependiendo de la receta, se mezcla con el agua y se convierte en un jarabe. Jo, se derrite… Con los huevos ya se hace la masa de un pastel. Aquí también al final se derrite. Con el café o un té se pone aburrida e incluso asquerosa si te pasas. ¡Y se derrite! ¿Y qué pasaría si la mezclemos con un hombre de sal?

Nada, nena. Dos sustancias sólidas y cristalizadas. Lo único es que creo que el azúcar brilla más.

# MILANO

Aquellos ojos azules de cachorrito a las 4:13 en la niebla invernal de la ciudad dormida. No pude resistir hasta las 7:29.

¡Qué lástima que fueras un cachorrito tú mismo!

# ABSOLUCIÓN

Te perdono

por haberle dejado maltratarte
por haber aguantado sin saber a dónde escapar
por haber sido ciega y sorda
por no haber insistido con tu «no»
por haberlo ocultado de todos
por haberlo justificado cuando ~~te caías~~ te pegaba
por haberte hecho tanto daño al corazón
con tus llantos desesperados
por no haberte curado tus heridas del pasado
por haberle dejado manipularte como una muñeca
por haberle creído
por haberle rogado de rodillas
por haber muerto en el miedo
por haberle dejado jugarte
por haber simulado una realidad inexistente
por haberte sometido
por haberle servido
por haberlo criado
cuidado
besado
¡qué asco!
suelta.
Te perdono

# La sociedad de saciedad

Nos saciamos con las vistas de paisajes únicos que
miramos cada día sin ver.
Nos saciamos con el mar que cambia de color cada
día ante nuestros propios ojos.
Nos saciamos con el sol que sale por la mañana sin
que se lo pidamos.
Nos saciamos con el sabor del mismo café en el bar
de siempre.
Nos saciamos con los besos de nuestros amantes como
si no pudieran besarse con alguien más
(y seríamos imbéciles tú y yo).

# *LES CHAMPS-ÉLYSÉES*

¿Sería una perversión si te dijera que cada vez que te veía me daban escalofríos calientes sin lactosa? Digo eso en un buen sentido, un mejor sentido, ufff… La última vez que te vi me dijiste, suavemente, deslizando tus dedos sobre mi brazo desnudo, que había telepatía entre nosotros. Y yo, como una tazuca de chocolate caliente que por fin había aprendido a preparar bien, me derretí por dentro. Sé quién eres, cuántos tienes, dónde tienes, pero no estoy muy segura de cuántas tienes. ¡Estoy soltera!

Que lo olvides. *Oublie ça.*

# Maldita fisioterapia
# y mensajes con masaje

Me divierten los hombres que entre los mensajes de miraquéjoyasoy me echan sus propuestas de hacerme un masaje. Un día. A ver, corazón, aquí tengo espasmos, aquí lo tengo todo tenso, por ahí me duele aún más, aquí llevo años con un nervio pellizcado, y por aquí, sí, por aquíííí…
El masajista entusiasta salió del chat.

# ¡Eureka!

Otro día llegué a entender en qué consistía mi propia perfección. Consiste en los defectos, los recuerdos, los dolores, las cicatrices, las mentiras, las pasiones, las pérdidas, las angustias, las frustraciones, las locuras, las peculiaridades, las tormentas, las caídas, las dudas, los suspiros, las traiciones, los miedos, los secretos, los pecados, los insomnios…

¿Y por qué nadie nos ha dicho que lo perfecto no es nunca perfecto?

# Especies modernas

—¿Vamos a conocernos?
—Vale.
—No fumo, no bebo, no… (y seguramente no folla)
—¡Ay, madre mía, qué susto!

## OLORES A ROSAS

Me voy a regalar todas las rosas
olvidadas,
ahorradas,
quebrantadas,
miserables,
inacabadas,
perdidas,
breves,
escasas,
subestimadas,
incómodas,
nunca regaladas a mí.

Y serán todas
admiradas,
nocturnas,
apasionadas,
deleitadas,
azules,
soñadoras,
rojas,
tiernas,
delicadas,
habladoras,
atrevidas,
excitadas,
deseadas,

triunfadoras,
anhelantes,
perfumadas,
inolvidables,
duraderas,
amadas.

# (NO) ES PERJUDICIAL PARA LA SALUD

Me fumo ricas chispas de cereza
que florece aspirando en mi boca.
Tócame sin manos, fuerte.
Verte a ti roer encajes sin costumbre.
Te ordeno que me des tu lumbre.

# 13

Hay algo, y cada día en mí crece
Trece
Y no vale si me digas «te parece»
Trece
Me siento extranjera yo a veces
Trece
El sangrado de mi alma no os apetece
Trece
Ambigüedades en la vida prevalecen
Trece
Mi lágrima tus labios humedece
Trece
La libertad que a nadie pertenece
Trece
Me encierro como cáscara de nueces
Trece
Que tu desamor me desestrese
Trece
Soy la enfermedad que no padeces
Trece
La gente es fantasma y de fisicalidad carece
Trece
Mezcla el agua con el fuego y deja que se espese
Trece
A los fuertes nunca compadecen
Trece

No se guarda nada, nadie permanece
Trece
Yo soy la rosa, se marchita, pero al final florece
Trece

# APRENDÍ A VOLAR TEMPRANO

*Мама*,
aprendí a volar temprano
y no,
mi vida se va en vano
y tan caro
pago por la ausencia de mi alma en casa
en vano
temprano
niña pequeña y tan miserable
«mi amor, deja de sentirte culpable»
y no puedo
porque vuelo
y no es bueno
a ser libre
me condeno
cuando muevo mis párpados de duelo
duele, duelo
y me muero
lento.
No estoy, me fui
sin dirección
y perdí el sentido
carretera mía es
de sentido único

y no soy única
*soy* sola,
no estoy
como la luna negra
que decidió cruzar el Rubicón
arrojando piedras y nunca recogerlas
mala, poco,
para, toco,
para, zeta, ¿molo?

A veces voy trotando
y ¿sabes?
debajo de una colina
muy verde
y muy atrayente
hay un acantilado
tan libre como yo
que vomita los coches
y digiere un túnel
aquí no habrá lumen,
¿sabes?
tirarme quiero
¿juzgas?
a veces sueño
con tus cantos suaves
y nanas que ponías
con luces coloradas
de mi cuarto.

*Мама,*
no sé a quién rezar
me quiero abrasar
y solo abrazarte a ti
no tengo vida sin mi casa
casa mía
en caso mío
ya no estoy.
me compro un ramo
y como una loca
me coloco una ofrenda floral
ante la soledad
más soberana
mía
fría
sigo cría.

*Мама,*
¿y para qué, me dices,
aprendí a volar temprano?

# Sentencia

Le culpo por todas mis desgracias graciosas a… mí.

*Grazie.*

## UN PO' ALTICCIA

Mi resaca juvenil no me deja en paz

¡Shas!

¡Qué dolor de cabeza!
más bien del alma
me lo bebo
Calma…
abro otra

¡Plumtz!

Y me duermo lento
con la ventana abierta
peligro
abrigo
me pongo
y me tiro
el sonambulismo no se cura
la vida es dura
decían
mentían, seguro
y da igual
si mi ser
es una diagnosis
terminal
1, 2,
¿a dónde nos vamos?
volamos
y jamás nos recuperamos

mastico la copa
comiendo el cristal
del anillo de boda
que no me regalaste

desastre
un lastre
no eras
un fantasma
¿me crees?

¡Chinchín!

# Ella siempre se distinguió por una rica imaginación

Los autobuses también pueden ser rompecorazones
rum, rum, rum...
La próxima parada
No te pares
Que estoy sin respirar
A tu espalda alta
Tanta gente dentro
Ardo
Soy un desacuerdo
Al cerrar los ojos me imagino vidas
Salas, camas, casas
Y la música alegre
Ya una eternidad sin verte
El autobús se mueve
Muriendo está la esperanza
Ya te vas
Disculpo la tardanza
La espalda alta de un desconocido
Por aquí soñar aún no está prohibido

# *IN MEMORIAM* DEL AMOR FRÁGIL DE CRISTAL DE MURANO

Recuérdame
como yo recuerdo
los colores de las olas
fuera de las horas
que pasan
y cada paso mío

Olvídalo
como he olvidado
el mal tan bueno
que hiciste sin hacerlo
escribiendo en mi piel
doliendo estoy
incluso el odio
a ti te va a ser más fiel

Ven y tente fuerte
hoy te toco *piano il pianoforte*
mi fe no deja de hacer sus bromas bordes
lágrimas tuyas que no sacian ni a los pobres
desaparece como el brillo tan fugaz
del sol que besa a mis olas

Vivas, vives, vivo el vino
sé, la culpa la tendrá mi Venus
vine hoy pa despedirme
a la francesa
el sueño no regresa
más
yo soy capaz
de desaparecer
luego venir
y olvidar sin recordar.
¿Y tú?

# Me refiero a las flores viajeras

Las margaritas van vagando por mis venas.
Esta vez no es Viena, nos vemos en Atenas,
cuando el mundo tenga más problemas
y en las teles dejen de poner antenas.
No soy como tú, al menos no estoy ciega.
Gracias por compararme con una diosa griega.
Alas de mis sueños mañana se despegan.
Cada uno busca y nadie se encuentra.
No se cierra bien de mis costumbres puerta.
Llegó nuestro «adiós», el tornillo sin tuerca.
«¡Que dure un poco más!», el público discrepa.
Sonrío a todos yo, pero por dentro muero.
No puedo explicarlo, el dolor no existe fuera.
Tienes que ser feliz de alguna manera.
No es nada convincente por más que lo quisiera.

# *FEMINA RIDENS*

Esta noche soy la protagonista
La primera amante de un famoso pianista
Película erótica a la italiana
El pintalabios rojo de tu mejor villana
Las arpas de mi cuerpo las tocas suavemente
Pasajes lentos y largos y las cuerdas ardientes
Fumamos dos cigarros después del amor duro
Tres gotas, vino tinto
Mi alma no es pura
Un café con leche grande, y pa ti, un descafeinado
Linternas penetrantes y el orgullo bien tragado
Los ojos, color *whisky*
Un vestido de seda
Se rozan dos miradas, hoy no me desespero
Diré «¡hasta arriba!»
Que no me bebas lento
Soy la protagonista
El telón lo cierra el viento

# ODA MARINA

¡Hola, ola!
soy solo yo
mi lágrima salada sale
y ya me desahoga
sin hogar alguno
deshago to lo hecho
y lo dicho lo cancelo
y no estoy sola
el sabor del mar lo grabo
y te lo enseño luego
transcrito en mi sueño
soy solo yo
hoy vengo sola
como siempre
y no tengo miedo
me duele el vacío
que tengo por la ausencia
del mar que está al lado mío…
¡Hola! ¿Hoy sola?
¡Ay! Solo son definiciones
y ¿qué hay por dentro?
solo hay nada
y todo solo…
Mar, ¿me perdonas?
no estamos solo solos
y solitarios

al menos tú me eres solidario
estás tú solo como siempre
que no, ¡tú tienes olas!
también son fugitivas
y tan solas…
entonces, ¿quiénes somos?
No estamos, sino solo somos solos
Somos solo olas solas

# UN TURRÓN VACÍO

Casualidades nada casuales,
y sin más detalles,
me voy a la T1,
te vas a la T2.
Yo: «¡Tanto has viajado!»
Tú: «Gracias a Dios»

# EL TALLER CASI PERDIDO

Como trueno suena
¡zorra!
y se rima poco
bruja rubia sin ruido
ricas rosas consentidas
bailo rumba al pulmón
se desabrocha un botón
venga, bésame, bombón…
chispa muere por tu puño
como trueno suena
¡zorra!
y está en desuso y se rima poco
*ma dai,*
*manco tu sei un ben di lusso*

# La respuesta poética para un Charles Perrault (¡Qué perro!)

De noche vuelvo a leer tus sueños
y no quiero despertarme tan temprano.
¿Me dejarás la puerta abierta, puedes?
Se pierde el frío abril en tu verano.

De noche vuelvo a leer tu ausencia,
presente y dulcemente dolorosa.
Parece que se nos da mal la ciencia,
tradúceme al francés mi vida en rosa.

De noche vuelvo a leer tu mundo.
Me fui sin mapas para encontrarte.
No tengo miedo de ser vagabunda.
Al vuelo un pájaro quizás te cante.

De noche vuelvo a leer tus besos,
cerrando el cielo antes de dormirme.
Hiciste florecer mi boca de rezo.
Tus páginas son arte más sublime.

# El toque

Con la yema del dedo
me toco la boca
y poco a poco
entro dentro
de tu alma
que adoro
es de oro
tu mirada
con el sol
de madrugada
mía
y bien tardía.
Te voy cantando
enviando cartas
por bandadas
en las condiciones dadas
nubladas y blindadas
me enamoro
salgo al foro
y lo declaro
y tan clara se pone la vida
bendita
la tuya
te vas ya…
Y mi tierno suspiro
cuya nota alcanza el infierno

el mío.
No siento el frío
se sabe
tan suave
discúlpame y dame
razón quebrantada
detente
quererte
sin alas y dármela
tu dársena
mi paraíso
cubriendo el eclipso
me bebo la copa del mar
soy Calipso.
Hay tantas verdades a maltratar
y no hay que
y que digan
no digas adiós
sabe solo Dios
lo nuestro
es ambidiestro
si te digo
que en mi vida
yo te quiero
¿me libero
o me condeno?

# Hechizo inverso

vete de mis sueños
vete de mis sueños
vete de mis sueños
vete de mis sueños
vete de mis sueños
vete de mis sueños
vete de mis sueños
vete de mis sueños
vete de mis sueños
vete de mis sueños
vete de mis sueños
vete de mis sueños
vete de mis sueños
vete de mis sueños
vete de mis sueños
vete de mis sueños
vete de mis sueños
vete de mis sueños
vete de mis sueños
vete de mis sueños
vete de mis sueños
vete de mis sueños
vete de mis sueños
vete de mis sueños
vete de mis sueños

# LAS CANTERAS DE MAYO

Suave
un ave
se ve
una rosa
primera
ansiosa
jugosos
tus labios
sal
de la sal
y las aguas
océano
créeme
nunca
espérame
fuerte dolor
aparece
blando olor
permanece
y crece
a veces
no hay fin
en mi amor
ni hay finalidad
solo plena bondad
que nunca nos basta

dignidad a subasta
«gracias» tuyo
me hace gracia
no las dan
sino prestan
pon a *restart*
tu tiempo aquí
por eso me fui
de los límites puestos
heridas no pagan impuestos
por ti
salí
y no me arrepiento
el viento de isla
me besa los rizos
una rosa
se ve
un ave
suave.

# Lo que vuela entre las palmeras de Las Palmas

Se acaba el protagonismo,
que el senderismo
de moda está hoy,
y no voy
más justificándoos mi vida,
ya os vale.
Ah, ¡tan perdida estás, Vale!
En la caja *«lost and found»*
de la puerta azul
mal pintada aposta,
encuentro el abandono
para un tardío postre,
color piel de la luna
en fase de angustias.
La muerte es rentable
para grandes industrias.
No compres lo pagado
con lágrimas del drama
de un teatro en cenizas
que me bese la brisa
el libro de ensueños
de vida postiza
en los ojos risueños
escritos con tiza.

# Religiones

Maldita y bendita sea la tarde en que te conocí
mirando el océano…


(aquella tarde me conocí a mí)

# CONSTELACIONES

Me atreví a divertirme,
te atreviste a mirarme
bajo *l'Ourse* grande
con tus ojos
de salado caramelo quemado de octubre
(estábamos en mayo).
*Putain...*

# *PIACERE!*

Hay *matches* trabajadores.
Hay *matches* inteligentes.
Hay *matches* guapos.
Hay *matches* urgentemente
necesarios.

# WORLD CHAMPIONSHIP DE ROMPECABEZAS

Un ~~big~~ b[ea/i](t)ch p/ten(n)is player una vez me propuso ir a tomar algo y no vino. Parece que de camino se tomó a alguien, pues y yo el vino.

# ... ¡Y SE DIJO!

Hoy en día no está de moda proponer matrimonios ni patrimonios (por lo menos).

# LISTA

Tanto os sorprende que viaje sola, y la verdad es que lo hago para no perder tiempo luego recortando las fotos.

# EL *SURSTRÖMMING* DE UNA DESPEDIDA DE SOLTERO

Valencia.
Tan guapo estaba…
¡Un Ramón Bilbao!
Que casi me enamoro
Ojos marrones
y un perfume rico.
Camisa ligeramente blanca
sobre el cuerpo de pecar.
La realidad no me hace temblar:
el pobre está hambriento.
Se compra un menú kebab
y se pone a comerlo
enfrente de contenedores
verdes, azules, amarillos,
llenos de olores…

A este no lo salvan
ni ojos, ni perfumes,
si la inteligencia la tiene
de legumbres.

# *LA POLMONITE, CAZZO!*

Me excita tu espíritu atrevido de bañarte en el océano a las dos de la noche (viento: sí; toalla: no). Pero ¿dónde lo perdiste cuando me fui de tu cama a las cinco sin acompañar en la ciudad desconocida? (viento: no; toalla: sí, tirada).

# FRENCH KISS

—¡Pero si nunca nadie se ha quejado!
—*It's just different.*

## *VISO GERO IR OLÉ*

Acabo de darme cuenta de que estoy en el camino correcto. En vez de un habitual «no pasa nada», después de tocarme el culo un pasajero borracho que casi se cayó, le chillé un sabroso «que te jodan».

## *Boh*

*L'amore* dice «ciao». No sé si significa «hola»
o «adiós».

# VAGABUNDA

Soy vagabunda
No me busques más
Profundo es
El dolor ausente
Que se esconde en mi mente tan perpleja
Aléjate y abrázame con tu mirada
Muero la vida como si fuera soñada
Pues, nada
Cambio del nombre
Calle
Cama
Siguiendo con la misma alma
Lluviosa como esta ciudad
De nubes
No te acostumbres
A mí
Jamás
Verás
En búsqueda de paz
Y amor
Que no está
La voz no sabe contestar
Si es aguda
Me voy
Pero me quedo
Pero me voy

Dijo el poeta
Tocando su saeta triste
Lo que hiciste o no
Tiene su regla de gramática
Vena lunática
La tengo
Sin sangre
Que quieres beber
Y joderme
Soy vagabunda
Yo no pertenezco
Corriendo riesgos
De disnea y sofocación
Cuidado, nene
No lo tragues to de un tirón
Porque si no
¿Quién va a salvarte?
Susurras «arte»
De matarte
Sin vivir
Y respirarte
Mañana estaremos
Ya no somos
A tu planeta me invitas
Cojo uno de ida
¡Qué rara es la vida!
Si no me evitas
Besando tu reflejo
Estoy

Más pasos ya no doy
Cometo mil errores
Y te amo
Cometas destrozadas
Voy volando
Somos humanos
Solo si amamos
Mi dolor ausente
Es tu intermitente
Profundo sí lo es
Perdida al revés
Soy vagabunda

# SWEATER WEATHER

Para ti a tejer aprendí.
Cuello alto del suéter que hice
tal vez te asfixie
y a mí me libera
No sé…
Que sean agujas o un gancho.
Recuerdos míos, hoy me los plancho.
*Мама, я плачу.*
Tejiendo y causando el dolor con mi existencia.
Hoy no dejo de estar sino ser.
Mi latir reconoce tu ciencia.
Tejiendo estoy un sendero infinito y espinoso, te guía.
P. S. misión suicida.
¡Qué vida más viva la mía!
Lamía el sobre que no me atreví a enviarte.
Perdóname, es pura lana
para calentarte el cuello.
Caliéntame el caldo de palabras al viento.
Plato del día: tu asqueroso «lo siento».
Ya que me vi obligada con tus promesas, mañanas,
a ser vegetariana.
Repito, es pura lana.
¿Te pica? Perdón.
¿Y ahora? ¿Arreglo un borde? ¿Y otro?
¿Respiras? ¿Esperas? ¡Aguantas! ¡No mueras!
Es solo el suéter que te hice pa ti
a tejer aprendí.

# El auto de fe

¿Me dices si es justo que tenga fe?

# Un solo de ida

A través del mundo que me rodea, los sabores que aprendí a distinguir, los caminos que me llevan a lo desconocido, me voy conociendo a mí.

# EN MI PAÍS SE DICE QUE, SI A UNO LE PARECE ALGO, HAY QUE PERSIGNARSE

Parece que ya no tengo miedo. Lo único de lo que tengo miedo es de perder el tiempo que podría haber vivido dándote todo mi amor*

*el tiempo que podría haber vivido dándo*me* todo mi amor.

# Preguntas retóricas donostiarras

¿Es todavía posible encontrar el amor? Que no sea solo de tu vida, sino también de tu día, tu momento, tu luz y tu oscuridad, tu realidad y tu fantasía… ¿Es todavía posible encontrar el amor de tu infinito?

## *A-MOLL*

Mi silencio suele ser muy hablador. No se calla, no para, de verdad… Tiene una buena voz. Pues, y el rango también es bastante potente. Varía entre la suavidad y la profundidad. Sabe llorar sin lágrimas y amar sin corazón, con todo su ser.

Pero tú… tú no lo oyes.

# *HOW MUCH?*

¿Cuánto cuesta la calma? Aquella verdadera sensación de paz y el equilibrio en los momentos de tempestad. ¿Cuánto cuesta poder ser tú mismo con el corazón en mano?

Todo eso no tiene precio.

# A TI, MUJER

Lucha mía
te la dedico a ti, mujer.
Con las cicatrices que tienes
que se convierten en ramas.
Con las heridas que tienes
que se convierten en mares.
Con los moretones que tienes
que se convierten en arte.
Con los llantos que aguantas
que se convierten en cantos.
Con las caídas que resucitas
que se convierten en bailes.
Con la sangre que pierdes
que se convierte en fuego.
Con las noches que velas
que se convierten en días fríos.
Dioses y malvados
tuyos, míos.
¡Lucha!

# *Nature morte à l'huile*

Que arda el lienzo de tu naturaleza muerta
y falsa
Y sigo paseando, puerta a puerta, por tu museo
ciega
Deja que te corrija lo incorregible.
Jamás
será posible hacer
que viva el retrato
y trato
de no mirar en los ojos de los cuadros
pardos
tardes
caldas
farsas
velos transparentes blancos.
Las grietas de mi obra
se van crujiendo.
Me escondo y desaparezco.
Y mi sonrisa se mezclará, turquesa,
con el óleo y pintura fresca.
Huele las flores y las naranjas
de mi triste juventud
áspera.
No, espérame,
seda suave rosa,
ligeramente poso

adivíname en los limones
de agosto
pasando sombras leves y moradas
raras
veces
no me besas
más
capaz que
sin reconocer el rostro
tan desconocido
te olvidas
nuestras vidas
riqueza y delicia
del terciopelo de tus labios
y mi vestido nuevo
de mármol blanco en tus sueños
y sombras de mi cuerpo
asómbrate
perdóname matices tan felices
es que contigo yo no sé
contar las cicatrices
es que contigo yo no sé
de otra manera
se duerme finalmente mi quimera.
La obra de cliché no lleva tilde.
¿Me vas a amar como Joaquín a Clotilde?

# La inoportunidad

Quiero el mundo a mis pies
y no sé si pido demasiado
va el espejo al revés
el reloj muy poco apocado
como el realismo social
nacimos en el tiempo
irreal
vital
fatal
leal
da igual
mi mal

# El pisto despistado del ventilador en Cañadío

Color marrón del bar del jueves húmedo
y barra polvorienta.
Mente a rayas, zumo de tomate y nadie
que me podría disparar la calma.
Mi *country* al estilo *country*
y luces silenciosas con pimienta.
Compra el tabaco como un día
les vendiste bien tu libertad.
Cristales sucios y manchados,
igual que mi reputación
organizada
criminalidad
y bien cuadrada.
Carteles de Martini años 60,
ni una gota de alcohol,
¡mujer violenta!
Sin hielo, por favor.
Estoy en duelo por la juventud más vieja,
esta que se queja…
El paraguas roto,
el paralmas tonto
(mi invención fue patentada).

Una inocencia quebrantada por vosotros,
no os culpo.
¡Qué rico es este tulipán
de color pulpo
que no existe!
Triste es
la vida que tuviste antes
y se calla el *blues*.
Dibújale encima una cruz
y di adiós a esta noche.
Se estropeó el coche
de mi fantasía.
Color marrón del bar del jueves húmedo
y barra de mármol casi impecable,
como yo,
otra mentira
dicha de un tirón,
ni ton ni son.
Me voy a mi cansada casa
y me caso
con mi soledad
casera y soleada.

# Mía y de nadie más

Hoy encontré mi libertad tan deseada
en el vino, el helado, y me vino así,
sin que la esperara.
Mi vida, te escribo a ti
y me despierto del sueño profundo de la oscuridad.
Parece que sé lo que no quiero
y espero poder contar olas que veo a tiempo.
Muy lento me doy cuenta
de que el aire es igualitario
si yo pienso así.
Caras desconocidas que brindan por
metas torcidas,
enigmas de luz,
enterrando una cruz
sobre el peso inútil y grueso
del sobre de sobre,
¡que me sobre pasar y pensar!
Pero la libertad no me sobra,
siendo un sobrenombre
sobre mi vida de arena dorada.
La parada siguiente,
Felicidad,
y que no diga la gente
que no se alcanza.
Iré hacia ella incluso descalza
por las esquinas agudas

de mi corazón
abierto y libre.
Ahora disfruto de estar.
Un fruto de ser
sin parar,
regresar,
perdonar,
olvidar,
respirar
y soltar,
despidiéndome.
Hoy encontré mi libertad tan deseada.
No la voy a perder.
Me la guardo
y no tardo.
Si es mía,
así para siempre será.

# Escúchalo

El batir del alma anhelante
se libera con el agua.
La tormenta de mi mente atormenta
el ritmo armónico.
De nuevo estoy atómica
y no te puedo cantar.
Aprecio más mi libertad,
mi vuelo.

# En el límite matutino entre Santa Catalina y La Puntilla

Juventud
cuando el frío se siente,
como la medianoche de agosto en Madrid,
con las nubes sobre la luna.
Todavía no está claro,
pero las palmeras son calmas.
¡Joder!
Juventud
que huele a puro placer
del tinto de verano de un nuevo lugar.
¿Acaso el vino de aquí sea más fuerte
u hoy haya menos limón
y más sentimiento?

# SOY YO

Me siento en casa y todavía no es mía,
teniendo una idea escasa
de lo que quiero
y una clara
de lo que no.

# La música

Cuerdas de la guitarra celestial
que riman melodía por mis venas
y apenas aprendo a distinguir mentiras
y resuena, y resuena, y suena
tarareo a capela interdental
bebamos nuestras lágrimas amargas
brindando por la paz de los desconocidos
me pierdo en ti buscando el propio ritmo
cortándome poco a poco voz y alas.

# FLORECER EN AZULEJOS DE SOLEDAD

Flor y ser.
Azul lejos.
Sol, edad.

# LA *BREBABRÁ*

Hombre de hambre
¡caramba!
otro calambre
alarma alumbra
mi costumbre
de incertidumbre
libre.

# Consulta de urgencias

—Es un asunto muy delicado, doctora. No sé cómo decírselo, la verdad. Se me rompió… ese… se le rompió y… necesitaría un anticonceptivo para la próxima.
—¿La próxima? No tiene sentido todo eso. Pero ¿cuántas horas han pasado?
—Se le rompió… se me…
—Sí, ya lo he entendido
—… se me rompió el corazón.

# Era un malagueño cortés

Aquellos dos besitos de cortesía indiferente me pegaron más que el viento de los 197 kilómetros a la hora que íbamos por la carretera a las dos de la noche del noviembre primaveral, mientras yo llevaba puestas unas chanclas y tú estabas bien abrigadito.

# LA HARLEY POSTIZA

Voy despidiéndome con la mirada de las ventanas
que nos vieron besarnos.
¡Cobarde!
Voy suspirando por cada toque suave que me diste.
¡Cobarde!
Voy pidiendo la limosna de amor creído en vano.
¡Cobarde!
Voy sufriendo con cada instante siempre amándote
más.
¡Cobarde!
Voy maldiciendo el ruido de las motos que enloquecen
por las calles.
¡Cobarde!
Voy inventando las noches donde aún me esperas.
¡Cobarde!
Voy curando tus heridas abriendo las mías.
¡Cobarde!
Voy escapando del mundo donde no me amas.
¡Cobarde!
Voy doliendo por las promesas que nunca cumpliste.
¡Cobarde!
Voy renaciendo gracias a tu indiferencia mentirosa.
¡Cobarde!
Voy abrazándote cada noche antes de que me buscaras
por la mañana.
¡Cobarde!

Voy fingiendo que te dejé de amar.
¡Cobarde!
Voy declarando tu veredicto final como el himno
de mi patria perdida.
¡Cobarde!
Voy a beber mi llanto de tus ojos de ámbar culpable.
¡Cobarde!
Voy persiguiendo las huellas de nuestros pasos
jamás borrados.
¡Cobarde!
Voy cantándome tu desamor sin que lo supieras.
¡Cobarde!
Voy creciéndome alas que destruiste con tu desapa-
recer.
¡Cobarde!
Voy defendiéndome de tus recuerdos desconocidos.
¡Cobarde!
Voy regalándote mi dulce piedad a tu corazón vaga-
bundo.
¡Cobarde!
Voy rezando por ti y por tu crueldad atroz.
¡Cobarde!
Voy agradeciéndote hasta que muera la última chispa
que vuela.
¡Cobarde!
Voy amándote sin entender por qué en mis ojos eres
arte.
¡Cobarde!

# ¡GOL, GOL, GOL!

Hay comportamiento antideportivo
y hay comportamiento anticonceptivo.

# Así

Como una gota de sangre
que despierta a los tiburones en el mar más salado.
Como la miel para las hormigas
en un rincón de tu habitación polvorienta.
Como el terror del hombre reflejado
en los ojos de un animal salvaje.
Como es para un predador carne fresca
de una cierva recién cazada.
Como la avaricia de ser humano.
Como la sed que nunca fue saciada.
Como el hambre vacía que te aprieta el estómago.
Como un nudo en la garganta llena de mis lágrimas
jamás lloradas.
Como una ola que está a punto de romperse en mil
perlas.
Como los últimos suspiros de un paciente
con enfermedad mortal.
Como el acorde final de una sinfonía inacabada.
Como el cielo que manda los besos de lluvia
para acercarse a la tierra.
Como la luz cegadora que ve un niño recién nacido.
Como una flor marchita con un solo pétalo vivo
que le queda.
Como una voz sin oído alcanza una nota clara.
Como una sombra en busca de su cuerpo.

Como un instante de temblor de los labios
antes del primer beso.
Así te quería.

# Una canción sin melodía

Te escribí una canción sin melodía
a mediodía
mi corazón estaba ya vacío
y no quería parecerte fría
tu piel en mis pupilas se sentía
alzo bandera de mi rebeldía
orgullo sin piedad a cobardía
tuya o ajena
no creía
que fueras tú la cosa más sencilla
y tantas noches hay que te daría
que nadie vive en mi compañía
la luna verde conmigo gemía
y no podía
estar más cerca de tu lecho
me valdría
después de ti lo poco que sabía
si antes ni siquiera existía
tendría que
entregar la carta ese mismo día
mientras de noche en silencio te bendecía
«¡mal!», decía yo a mí misma que hacía
tiempo que sin tiempo
mi respuesta tardía
fue esperada de muy corta estadía
azul, almas tintadas, me mordía

un leve remordimiento y la boca ardía
tuya o ajena
nos vemos en mi sueño de tierra baldía
acércate y escucha mi sorda sinfonía
juguemos al ajedrez de triste ironía
sabía, como siempre, que eso nunca pasaría
mi eco en tu cielo desaparecería
guárdate en el bolsillo las migas de galantería
tuya o ajena
me siento una forastera, pero la casa es mía
tu sed goza de fama por buena puntería
«¿serás de esas, puta?» y ya me hartaría
destruyo el mundo entero por una fantasía
tuya o ajena
el saber por mí es un sinónimo de tontería
tuya o ajena
vivir y despertarse por pura cortesía
tuya o ajena
la sangre puesta al fuego no me calentaría
si fueras un espejo a mis fantasmas los escondería
de hecho, yo de ti nunca padecería
no sé si fue la muerte o la suerte que nos sonreía
las copas de la madrugada se rompían, Lorca decía
lo nuestro fue más bien un fragmento que las alía
nada, y el resto miente plantando una flor de plástico,
preciosa mercancía
inmortal serás, estoy y que fueras juraría
con alma vomitada rezando de rodillas
tuya o ajena

sigo creyendo firmemente que el pronóstico del clima
es una brujería
comparto y recorto mi rara alegría
la decisión será inapelable, mi cuerpo de avería
venderse para alquilar una vida con estrías
la sociedad parece una carnicería
podrida, y no podría
decir lo que quería
castígame con tu silencio, me lo merecía
¿verdad que sin amor se gana una atrofia?
tuya o ajena
venganza de una rosa enamorada de espinas
tuya o ajena
llorar en seco aprendiendo valentía
tuya o ajena
la paz con tu presencia se estremecía
tuya o ajena
seré tu viento, eterna y así te besaría
tuya o ajena
a cenizas renacer en tus manos lograría
tuya o ajena
sin voz y al oído yo te cantaría
tuya o ajena
la canción que te escribí no tiene melodía.

# SÉ FUERTE, NIÑA

Dudo haber hecho lo correcto,
tratando ambiciones con respeto.
Huyo de mí, conmigo y sin nadie.
El corazón como una ciudad sin calles.
Pierdo sonrisas que no tienen precio.
Semáforos me guiñan con desprecio.
Jamás el dolor sus manchas desvanece.
*Sé fuerte, niña.*
*Tú con todo puedes.*
Aúllo a la luna, que me es solidaria.
La existencia dividida en piezas solitarias.
Incluso nubes nadan de mi cielo
y luego se juntan para una cena
a la que yo nunca fui invitada.
Brillo más fuerte que luz apagada.
Ganas buscando y encontrando pierdes.
*Sé fuerte, niña.*
*Tú con todo puedes.*
Las hierbas secas me las traigo frescas
a la tumba de sueños cumplidos, y que crezcan.
«Postureo», dices tú.
«Yo me muero», digo yo.
Y no me quejo.
Aprieto el acelerador y voy volando lejos,
pero si no lo suelto al viento,
pierdo el aliento para siempre.

Me quedo donde no nos veas.
Resplandecen las ventanas donde no me esperas.
*Sé fuerte, niña.*
*Tú con todo puedes.*
La depresión como un solemne acto de autoamor.
Mis balas llevan pólvora mezclada con pudor.
Cama vacía, mas corazón lleno, y no es posible.
Grito sin voz y lloro sin sal, espíritu visible.
Fumando estoy el sentido de mi revivir.
Después de haber tragado el temor de un perseguir,
os pregunto si estoy viva, acaso ni me vierais.
*Sé fuerte, niña.*
*Tú con todo puedes.*
Nos imagino en aquel balcón con flores
tomando el café por las mañanas.
Mis brazos son tus brasas y jamás abrazadas.
Tus fronteras son mis huesos más indestructibles.
Encontré un nuevo rincón del barrio pa aguantar
delirios.
Las mujeres deberían ser ligeras.
*Sé fuerte, niña.*
*Tú con todo puedes.*
Me medían, me tocaban manos frágiles,
la sangre fluye a puertos.
He visto un catálogo de cuerpos y seres muertos.
No creo en lo eterno, dentro de mí el cristal.
Me besaban las bocas sin amor en silencio sepulcral
y me quedé por suerte sorda para no escuchar men-
tiras.

El nombre que borraste ya ni lo adivinas.
Te echo de menos, pero yo no sé quién eres.
*Sé fuerte, niña.*
*Tú con todo puedes.*
Con mi pena alimento a mis santos demonios.
Padre nuestro, perdóname, que *amor vincit omnia*.
Carita infantil sin pecas invernales.
Peca rezando como todos los mortales.
El sexo con alma y sin cuerpo existe.
Venga, guapita, no te pongas triste.
Solo tengo miedo de morir sola en casa
y pudrirme lentamente junto a las tazas,
con sobras de té verde y mi dignidad,
y que pierdan mi alma en la oscuridad.
Despídete y no, no me digas que vuelves.
*Sé fuerte, niña.*
*Tú con todo puedes.*
No se quitan arrugas de pulmones sin aire.
Las pasiones nudas se unirán en un baile.
Apagué con fuego la inseguridad prudente.
Tú mente fría, mi cuerpo ardiente.
El amor se construye.
El amor se destruye.
Y por más que me huya
de mí, conmigo y sin nadie,
olvidad la angustia que mis restos irradian.
Solo naces y vives, y más solo te mueres.
*Pero sé fuerte, niña,*
*que tú con todo puedes.*

# Salidas y llegadas
# del marinero en tierra

Odio los aeropuertos,
porque no están dispuestos a guardar secretos,
transportando diez mil cuerpos
que se despiden con promesas igual a retos
de volver a verse sin volver.
Cortezas de mi piel
se quedarán en la arena
con la que desayunas por la cena.
Levanta nuestra copa de una pena,
jugosa como besos de pasión mortal.
Serás especial,
especialmente entre las especies tristes
de mi infierno celestial.
A mí me da igual
si nos separan millas de aguas benditas
hechas de cristal,
que ayer fue roto por los pasajeros.
Les grito en altavoz «te echo de menos».
Cierro los ojos y me parecen eternos
instantes de felicidad y tus miradas tiernas.
Sabemos cómo sufren los inviernos.
¡Cuidado con amor! Solo uso externo
aplicado con prudencia y discreción.
Quería ser tu océano de rebelión,

y tú, seguir nadando solo sin cuestión.
Atrévete a perderme sin navegación.
Noticias urgentes: un náufrago de corazón.
Me dijiste mucho sin hablar, y con razón.
Eres de mares, yo de tierra más flotante.
Te canto las canciones de sirena para encontrarte.
Piensas que se conectan almas al instante.
La vida da guiones más irrelevantes,
haciéndome amigo de mi mejor amante.
La inoportunidad es un perenne drama.
Lo que pa mí es agua pa ti sería cama.
Más cinematográfico que cualquier otra trama.
Olvido recordando al cogerme tú la mano.
El vuelo despega tarde o temprano.
Me multan por exceso del equipaje perdido.
El orgullo femenino jamás fue combatido
y nadie es voluntario de darse por vencido.
Una sonrisa que salvó el mundo ya jodido.
No tomes mi amor por desagradecido.
Anoche yo, despierta, caí desde el cielo,
contando las estrellas esparcidas por el suelo,
y me dormí en paz sobre tu hoyuelo.
No paro de besarlo en puro desconsuelo.
¿Por qué se va de mí lo que yo más anhelo?

*Estimados pasajeros:*
*el vuelo de recuerdos*
*del mes de noviembre*
*ha sido cancelado*

*a causa de*
*lejanos océanos*
*y el cambio de vientos.*

Odio los aeropuertos.

# MADE IN, NÚMERO DE LOTE

Érase una vez una muñeca. Por fuera parecía como nueva, pero dentro tenía un mundo entero lleno de nostalgias telarañadas. La muñeca quería desesperadamente que la amaran. Solía extender sus manitas a cada transeúnte para ganarse un abrazo que tanto anhelaba. Le faltaba lo humano. Pero era una muñeca, y se sabe que a ninguna muñeca le puede faltar lo humano, porque no son capaces de sentir, no saben amar. A pesar de ello, la muñeca no bajaba las manitas. A la gente le gustaba jugar con ella a crueldades, tirarla, pasarla por las manos como si fuera una pelota hueca. Preguntaban el precio (y no lo tenía) y se asustaban, la dejaban en los carritos, la robaban, luego la devolvían, la reservaban sin recoger.

El tiempo pasaba, cambiaban las temporadas, nadie la quería. Y no sabía la pobre qué era lo que le faltaba. Resultó que no le faltaba nada, solo lo humano.

Cuando la tienda cerraba y las estrellas en el cielo ciego de la noche eran la única fuente de la luz, la muñeca cerraba sus ojitos imaginándose el amor. Por la mañana, el sol intentaba revelar sus lagrimitas y siempre las tomaba por el pegamento transparente. Será un defecto de fabricación, por eso nadie la quiere. Será…

No dejaba nunca de sonreír y su sonrisa era sincera, repleta de esperanza. Nadie la quería. Así que la muñeca decidió quererse a sí misma, porque ¡las ausencias no le pueden doler a una muñeca!

Simplemente le faltaba lo humano, pero siguió brillando en el escaparate de las muñecas deseadas. Dicen que allá sigue hasta nuestros días.

¿Cómo una muñeca puede sufrir de pasiones mortales? Será un defecto de fabricación. Será…

# Resumen del año

1, 2, 3
Éxitos del mes
O mejor del año
Sin regaño
Mis entrañas
Sobreviven
Telarañas de memoria
Verdaderamente falsa
Farsa
Cosa
Rara
*Forza*
*Walzer*
De renacimiento
Muerto
Y tú, ¿qué tal?
«A ver…», me dice el ciego
Que tiene miedo al compromiso
Estoy harta de mi piso
Cuatro
O pélvico
Ja, ja, qué risa…
No olvidaré
Cómo me saludaron despidiendo
Los de la «familia»
Pa familiarizarse

Jamás será conmigo
Sin matrícula he suspendido
La humanidad vacía
Llenadla del veneno frío
Éxitos, 1, 2, 3
Logré escapar del agresor
Catorce veces
Tal vez más
Que cuando no
Jamás me pagará el psicólogo
Es solo un prólogo
A mi año y sus éxitos
Y no solo musicales
Las noches infernales
Días, peor
Soy cantabruca
Me presentaba
La guiri
Zorra
Blanca
Hija de puta
Me llamaban
Y yo tragaba
Me rompí un pulgar
Defendiéndome de él
¡Te toca arder y purgar!
Y no será nombrado
Pa siempre sepultado vivo
En mis dolores

Errores y heridas
Mujer de hierro
Que no me queda otra
Y no lo aparezco
Bajo las camisas con flores y fresas
El año lleno de emociones
Y no te las darán ni *sexy toys*
Cuenta mejor tus éxitos
¿Te excita?
¡Bien!
Respira y 1, 2, 3
Suelta y perdona
Todo el desamor que tú soñaste
Me enamoré de tres cobardes
Los tres con estrés mío bien jugaron
Promesas, mesas, camas, poses
Como si fuera hija no y puta sí
En búsqueda de sí misma
En almas más perdidas de alguien más
Contratos de indigencia por una pasión
Letal
Y menos mal que tengo a Luna
Es mi amiga, mi otra madre y mi hija
¡De puta! Ja, ja, ja, qué risa triste
Os digo sin disputa
Que no me definen
Los pecados por los que *yo* no tengo culpa
Fijaos que el zumo de naranja y con pulpa
Deja irritaciones peores que los besos sin amor

Acaso yo confunda
Cuerdas vocales rotas con las de la guitarra
Y su llanto
Que me perdone Lorca
Sí, estoy loca
*Ad hoc, ad locum*
Tradición de traición, un acto asqueroso
Envidia divina
—Doctor, padezco de sinceridad y el corazón abierto
—No iguales ser amable con ser débil
Ciérralo, tonta, y tira llave al mar.
No voy al bar y me emborracho sola
Abrazada a mi soledad y su pistola
Emprendo un viaje, 24 vuelos
Porque soy mariposa
De pensamientos paralelos
Y alas fuertes
¡Gloria!
Os volví a abandonar
Dejando atrás la calidez nostálgica
Será analgésico
El efecto
De casa…
Y la terminal
En la que trabajo
Está llena de fantasmas
Tabaco y vinos
Sobrevalorados como los casinos
*Oddio, ma che casino sto a fa'…*

Os canto la verdad, no más llorar
Y 1, 2, 3
Mis éxitos del mes
Más bien del año
Sonrío al daño
Y me fugo de la alegría
Y que se rían
Vamos bailando
1, 2, 3
Voz ahogada
Amor denegado
Corazón nudo
Crueldad pura
Tu paz en escasez
1, 2, 3
Éxitos del mes
O mejor del año
Sin regaño
Mis entrañas…
¡Sobreviven!

# Sin destinatario

Esta carta es para ti, mi amor.
Perdón
por mis llantos, que yo pongo en ramos,
por gritar «ajenos» cuando son hermanos,
cuando aplastan tempestades tu terrena calma
y me bebo sola mi errante alma.
Me pido perdón por saber odiarme,
por palabras nunca dichas desarmantes.
Respirar parece una buena costumbre,
si los diablos celestiales causan incertidumbre.
Mi amor, perdóname, lo siento.
A veces quiero que te lleve el viento
sin invitación a la fiesta de angustia
fue cometido un suicidio sin derecho a la amnistía.

Eso lo borro
Coraje al carajo
Letras de boceto
Me doy bofetadas
Siguen afectadas
Mis células tristes
Y alegres a veces
No vence el plazo
Jamás
Moriría en paz
Si me tire bajo un tren

De rehén
No me tomes
Se quedó sin tinta
La historia
Que tiene pinta
De pintar
Dos pintas vaciadas
mi soledad amada
ahora ya ni sabe qué hacer
El mundo pa deshacer
Y no satisfacer, ¡cómo te equivocas!
Y le provocas a una mente inquisitiva
Que sueña con auto de fe
Ten la fe y tente fuerte
Ojalá y con suerte te confieso mis caídas
Cuando vuelo y no vuelvo
Un paracaídas me estimula
Que no me para ni a mí ni a mis caídas
Configuraciones básicas restablecidas
Solicito un cambio
Es que no necesito a nadie
Porque me tengo a mí
Pero te necesito
Somos más compatibles
Que una barra de un columpio en febrero
Con la lengua de una niña curiosa
¿Desastrosa? Lo soy
Te regalo mi autodestrucción en
3

2
1 (ptschhffhh)
Me devora la luna
Que llora por mi cuna
Vacía ya está
Y te repito con voz de temblor
Mi amor, perdóname
Por confiar en nada y todo
No seré capaz de entregarte
Las pesadillas que escondo
En mi joyero cubierto de polvo
Y coágulos lilas de sangre impura
Quema, dura
sol, edad.
Se traba la lengua diciendo la verdad
No os creo si digáis que os importa
¿Y tú qué aportas? Mi vida, la música
Y sus disonancias que compongo
Lágrimas, sudor
Construimos el amor
De todas las hojas verdes
Que tienes tú en el jardín del Edén
O Coín
Sigues sin entender
Mi amor, perdona
Por ser tan rara y amarte
Como si no hubiera un mañana
Mi amor, perdona
Te dibujo cuadros de vena colorada

Nos espero en casa con la luz apagada
Mi amor, perdona
No me llames víctima porque soy vencedora
Del régimen que impone la gente «trabajadora»
Mi amor, perdona
Yo no soy cobarde por querer lanzarme
Contra el sistema que no deja de desalmarme
Mi amor, perdona
Despedida de honor por la última vez
Ojalá fuera una partida de ajedrez
Mi amor, perdona
Es el momento de acompañarme a mi eco
Para que yazca con los restos pardos por la arena seca

P. S.
Alumbra mi fúnebre sombra
que sobra
en sobres de un descafeinado lúgubre
de la cumbre de mi pena
que se tumba y suena
como un timbre solemne
me zumba el oído
al entrar en el umbral
de mi tumba
con diseño floral

Un beso,
para siempre,
*de nadie.*

# ¡GUE-RRE-RA, COM-BA-TE!

Gue-rre-ra,
Com-ba-te
A paso de marcha
No hay es-ca-pe
Te deseo, te deseo, te deseo, te deseo, te deseo
La paz y el amor
Que te regalé
Sin pedir nada a cambio
Una opción sabia
Vivir sin salir
De la cáscara crujiente de mi mundo vagabundo
Pá-ra-te
Lán-za-te
Es-pé-ra-te
A nada y a nadie
En febrero
Guerrera
Se rinde
Pero tú
Ya le-ván-ta-te
Y bús-ca-te (la vida)
(o la muerte)
Entre paréntesis o entre comillas
Sembremos semillas
De odio más amigable
Tu realidad desechable

Me huele a pájaros caídos
Y difuntos
Míos, ¡qué profunda
es la mentira tuya!
Que huya el espacio
Paso a paso,
Despacio
Gue-rre-ra
Com-ba-te
Ya que late tu corazón de hierro
A fuego lento
Y mata
Retratos
En blanco y negro
Escritos a sangre
Com-ba-te, com-ba-te
Por tus sueños y desgracias
Dale gracias a Dios
Que en sí mismo no cree
Y ve solo sus pecados imperfectos
Pero tú, guerrera
Tú, com-ba-te
Por el amor y tierras prohibidas
Dispara y no escuches
El dis-pa-ra-te
Eregido al aparato
Que goza la fama
De un buen escaparate de vanidad
Y sin mirar perdónales

Y córtales el aire
Intentando tentar con la angustia
Porque te la comprarán
Di «no pa-sa-rán»
porque en el campo
Estás tú sola
Con las armas
Que no llevan balas
Terrena, tierna
Mi guerrera
Guerra
Guarra
Tú, combate, venga
Marcha
¡No hay tregua!
Com-ba-te
Tí-ra-te
Com-par-te
Las estrategias de tu asalto
Nunca más
Que tu batalla la ganarás
Si sigues, bueno, pues mira
Aprieta el gatillo
Descubre una vía
Todavía
Que te es desconocida
Enciende la mecha
Quita el pasador de seguridad
(vaya bondad)

Y com-ba-te
Com-ba-te
¡COM-BA-TE!
Guerrera
Porque si no lo haces
A fuerza plena
No te va a ayudar
Tu luna llena
Combate, guerrera
Por los predadores
Que devoran su presa
Y que andan sueltos
Impunes, serenos
Y que jamás se sacian
Por más que les parchen
¡Compañía, adelante, marchen!
Voy peinando mis venas
¡Joder! Otra vez sirenas
Sigo en el campo
Y me viene
El dolor fantasma
Por lo que me quitaron
Y trataron de humillar
Humilladamente, ¿no?
Cuántas víctimas combatidas
Sin sentido
Único
Cínico
Malentendido

Y confundido
Me has entendido
Y enseguida per-di-do
Com-ba-te
Com-ba-te
Guerrera
Fíngete una leona
Siendo una cierva
Qué va
Curva mortal
Continúa la trayectoria
Viva la gloria
De los soldados que luchan
En campos
Reflejos
Y terrores
Com-ba-te
Y explota
La bomba
De tu rabia
Hacia las injusticias
Que nos cambian
Com-ba-te
Y sigue el debate
De los culpables
Y tristes putas
Bautizadas
Ni de chiste
Condenadas por mi Cristo

O tu padre
O el nuestro
Haz una cuenta regresiva
Obsesiva compulsiva
Yo me pongo
En mi campo
Y con un revólver blanco
Soy la primera que dispara
Hoy en em-pa-te
Guerrera
Com-ba-te
Guerrera
Lán-za-te
Guerrera
Pá-ra-te
Guerrera
Muérete
Más digna
Com-ba-te
¡Y no te resignes!

# AMANDA, FR5677 AGP-PMI

Buscaba algo dulce,
pero de esto no se trata.
Escapa del maltrato
y se divorcia.
Se le escucha el pulso.
Te doy mi abrazo a ti
y a todas aquellas
que retienen lágrimas
y se lavan rostros con las olas
de sal.
Mujer, tú sal
por más que cueste,
que me dijiste
que la dignidad te la perdiste
después de años
que se convirtieron en siglos.
Te abrazo fuerte,
mi amada,
y hoy pido justicia
por todo tu sufrir.
Hoy pido bendiciones
para poder seguir
y que florezcan en rosas
tus cicatrices.
Que desinflen los males
tus espinas.

Eres amada
y lo serás pa siempre.
Canta, amada mía,
Amanda.

# Estética del llanto

No guardo artefactos ni historias
de mis antiguos novios.
En mi armario
solo hay
vestidos negros de la novia
que voluntariamente prende fuego
a los altares,
porque se agobia.
Lágrimas para el desayuno,
atardeceres por la cena
y me quedo en ayunas
por hartarme de promesas
nauseabundas.
Si me juras, pues que sea
un juramento tuyo de infidelidad,
porque no te creo.
Y para evitar sorpresas
no me compensa el gobierno
mis pérdidas de nervios
y del tiempo.
Ya casi casi exploto.
Solo dime,
¿estoy guapa cuando lloro?
Señores y amores míos más ajenos,
os anuncio que públicamente firmo
la aceptación de eutanasia de mi alma

por ser la única culpable.
Y con el corazón que ya no es palpable
el eco te sigue a ti más imparable.
Mi circo triste se estrena sin espectadores,
pero con animales adiestrados,
porque soy la payasa que da asco
y que es honesta,
con discapacidad emocional
de hemisferios ambidiestros.
Secaos lagrimitas
con pañuelos, pana y angustias.
A mí suelen secármelas con una servilleta sucia
de carnes de las bocas que besaste.
Dolores y nubes con placer
me las devoro.
Y ahora dime:
¿estoy guapa cuando lloro?
Naces o mueres.
Ruegas o pierdes.
Hablas o hieres.
Y no sé qué más quieres tú,
hija de puta.
Cierra los ojos y disfruta,
que la vida es una.
Fuma, bebe, come la fruta
y jódete la psique con forma de luna.
Sufrir igualo al orgasmo profundo.
Con el amor placeres yo confundo.
No está en mapas mi perdido mundo.

Da igual si me enamoro.
Déjame bajando el tono.
Dime, nene, te imploro,
¿a que estoy guapa cuando lloro?
Que me cantes con tu voz ahumada.
Dos cráneos impresos en una almohada.
Las mentiras agridulces, ¡ay, qué cutre!
El amor no tiene que hacerse un culto,
y por eso me disculpo,
pidiendo un siglo de silencio por mi luto.
Lo que me grita el mundo lo ignoro.
Amor, pero ¿estoy guapa cuando lloro?
Te amo primera.
Te llamo por última.
Canciones inútiles.
Sábanas sutiles.
Para aprender las histerias,
yo descarté a mis bestias.
Os mando a todos un correo
buscando la nada y el empleo.
Dos signos de resignación.
Adjunto la invitación
para el funeral
de mi fe en el amor.
Esparcidas las pestañas de tabaco
por azulejos limpios y blancos.
A ver si me entierro yo solita
y me pudro, sin deshacerme, en la tierra,
como una pila de litio.

No soy una víctima.
Mira el tríptico
y verás que entre las delicias,
miles de páginas de libros no escritos
y el libertinaje reprimido,
soy gata con un lagarto en la boca.
Me entrego en la casa de locos.
Escondí bien mis trastornos
en el gas que no sale del horno,
en el que voy a meterme pronto.
Perdona, Sylvia, que te copio.
En desguace hay mucho tesoro,
Pero dime, ¿estoy guapa cuando lloro?
Me compro un puzle de tu sombra sin cuerpo,
muriéndome de impaciencia de una: ¡discrepo!
No puedo aceptar el pasado tuyo.
Me seduce mi propio orgullo.
No me fío de los fantasmas ni los nombres
que pordiosean por un amor puro y pobre.
Mejor aullar a la luna que vivir en un capullo
de mi amada soledad aguda.
Más me conozco y más temor exploro.
Al menos, ¿estoy guapa cuando lloro?
No sé qué quiero, pero sé qué no.
El tinto siempre ha ganado al blanco.
Mi flecha no se afligirá al blanco,
porque nací como un juego completo.
Teniendo yo el derecho de burlarme,
me mato y solo yo puedo salvarme.

Encantada de romper mi corazón por ti,
tus canciones las dedicarás jamás a mí.
Es una broma y, como dije, soy payasa.
Mi casa es tu casa, aunque sea escasa.
Si alguna vez tuviera en la vida Esperanza,
será mi hija y en eso tengo más confianza.
Os confieso que el amor pa mí es droga,
y para ti… la droga es amor.
Estúpida que soy.
Prioridades, álzalas, bebé, al cielo.
Al fin y al cabo, no te eligen para tu consuelo.
Nueva constitución consciente
prostitución emocional, ¡enhorabuena!
Así que yo prefiero mi infierno
a esta mierda decadente y tierna.
Yo miento la verdad.
¡Mentira!
Fingiendo la hipocresía,
en el puro camposanto pecador
que crezca y florezca mi sopor.
Sueño con destrozar mis huesos por los rieles.
Plegarias de domingo pa más fieles.
Me alejo sin recelo alguno.
¡Y os gusta que estoy guapa cuando lloro!

Hola, mamá. Lo sé, estás muy lejos.
Solía yo contar contigo las estrellas.
Ayúdame, que tengo un nudo en la garganta
del que yo fácilmente me tejo un suéter.

Soy fuerte, pero para nada grande.
La existencia me la paso en vela.
Y esta noche, como otras, sola,
rindiendo el homenaje al dolor que sobra,
hojeando álbumes, hoy canto en tu coro.
Ojalá me acaricies el pelo con tus manos de oro.
En mi lecho muerta estoy y bien guapa lloro.

VALERIA BUSHKEVICH

# LA NASCITA DI VENERE

¡Shhh! Está naciendo algo
De las semillas rojas,
Negras,
Amarillas,
Blancas,
Púrpuras,
De fuego lento
Brillo
Espacios
Largos
Eternos
Tiernas
Melodías
Dolores
Y alegrías
Tuyas y mías
Amor
Veneno
Pánico
Tormenta
Anhelo
Cielo
Subsuelo
Cuerpo
Sudor
Dos toques

Sexo
Un arrepentimiento
Mañanas
Lluvias
Cafés
Llamadas
Copas
Un beso
Suspiros
Carnes
Espíritus
Los tiempos
Sabores
Flores
Vidas y muertes
Miradas
Ansias
Reflejos
Mentiras
Tres verdades
Mi dios
La fe
Y su ausencia
Tristeza
Agua salada
Y bendita
Sea
La culpa
Un corazón

Vacío
Camas
Amantes
Números
Últimas cenas
Mil recuerdos
Pasión
Perdón
La despedida
Dudas
Castigo
Un abrazo
Látigos
Azúcar
Ácido
La cima
Techo
Ventanales
Costumbres
Poses
Postres
Fusiones
Ilegales
La química
Prohibiciones
Un secreto
Murmurar
Violento
Verde

Te quiero…

… y así fue
Que esta noche
En mi lecho
A las once y veintisiete horas
De la noche
Se murió Confianza
Que me quitaron
Con un pago de tres meses
De fianza
Y con la Muerte aprovecho
Dicho todo
Sin caprichos
Anuncio una ocasión solemne
Densos, duros y enredaderos
Más ásperos que una lista de espera
Pa ir al médico de cabecera
Haciendo un hincapié
Sobre el pie torcido
De mi orgullo corcovado
¡Defensa! Pido un abogado
Que sea más puntiagudo
Noticia, os la difundo:
Con ojos bellos
Y de sangre hirviente llenos
Anoche me nacieron Celos.

# Una llamada nocturna antiexistencial a la funeraria «Alegrías dolorosas»

No sé si vale la pena
quedarme callada o seguir inquieta
contra el mundo que arde en mis venas,
ya secas por la costumbre de desamor
al que no ayuda el Quitapenas.
¿Os doy pena? Que os la den.
También
soy rehén
y la reina
de entrañas trituradas
que piden aliñadas
con mis lágrimas y el tomate.
—Buenas noches.
—Sí, me diga.
Organizar fiestas es nuestro punto fuerte.
—Voy pensando en cómo celebrar mi muerte.
¿Hay opciones?
—Tres raciones, cuerdas rotas y un cielo estrellado.
Me pregunto si ya fui atropellada antes
por los tiempos y los trenes,
que en mi ensueño

me masajean suavemente todos los huesos,
pintura gruesa roja en vez de sangre.
Hablando de las bodas;
me comprometo con mentiras
y cobardes bordes
que me desamoran
con demora,
porque antes quieren carne,
pero soy pez dorado
en el tanque musgoso de promesas
y el problema es que se sabe el tema.
No sé si vale la pena.
¡Putita! ¡Ay, ejem, señorita!
¿Qué tal vas quebrantando leyes,
comiendo *pizzas* congeladas
y pagando impuestos?
Ser extracomunitaria es un mal chiste,
pues tú no te despistes.
Que Gabo me incluya en memorias
de *tus* putas tristes.
¿Me identificas?
Yo, a ver, me apoyo
con los meñiques de mis pies
sobre el antepecho,
que no tengo.
Y no hablo de ventanas.
Y voy volando desde el techo
de mis locuras dignas
después de haber lamido y hojeado
el libro de las hojas de afeitar

para hablar más
o soñar menos.
Vaya esquema…
No sé si vale la pena.
Me desahogo perdiéndome en el mar,
porque soy una flor o un alga
verde
que te quiero
verte
vente
y así me riego
paso a paso me paso y no pasa nada
ni nadie
que irradie el amor
que tanto se teme y se evita.
Bendita sea la nostalgia,
la neuralgia,
mi familia
y mi patria
que llevo toda la muerte buscando.
Será porque sigue a la fuga el patriarcado,
porque si fuera la *matria,*
me hubiera buscado ella sola.
Estoy sola.
Perdón por los errores semánticos,
poco románticos,
de los verbos copulativos,
valores coagulativos,
porque por más que tape las heridas,
*soy* sola,

salada,
soleada,
solita,
suelta,
soltera,
solitaria,
soldada solidaria
y sólida.
¡Aaahhh, llamad a Seguridad!
¡He visto un fantasma del pasado!
Pisado, ja, ja, ojalá,
que me dejó mil cicatrices
y sembró un prado de violetas en mi cuerpo.
Me plastifico una medalla de honor
por ser superviviente,
acaso ultra y un poco hiper.
No estoy de moda, solo jodida,
y jamás en demanda.
¡Lucha, anda
con brillibrilli de la sociedad de mierda!
¿Mejor? ¡Bien, suelta!
Sigue volando el fantasma.
¡Grita, solloza!
Un vino de glucosa,
con un par de gotas
de espinas tuyas de rosa
de procedencia de chicas «estas».
Este, oeste, esta o este.
Los comentarios huelen a peste.
¡Os sabe mal! ¡Ay, qué extrema!

No sé si vale la pena.
Con tu «no te quiero»
me voy pa Antequera,
antes de quererte, y me tiro de la Peña
y del tirón recojo la tarjeta
de mi residencia vital ya caducada.
Vuelvo a casa.
Me duermo
en el profundo
delirio.
Recuerdo
un beso
y algo humano.
¡Mentira!
Me despierto
y me entrego
un expediente
de repatriación
(que la *matriación* jamás será):
una ciudadana del mundo,
vagabunda.
Causa de muerte: soledad,
a una joven edad.
Os invitamos a celebrar otro suceso
con exceso de drama y angustia,
pero es que hay un pendiente dilema:
no sé si vale la pena.

# Soy masoquista

Mi madre me ha dicho que soy masoquista
Prefiero anticonformista
Y tiene toda la razón del mundo
Su hija está jodida
Y bien harta de mentiras
Y por eso sigo la Cuaresma
A través de un deforme prisma
Que se pone la gente
Cuando me mira
Admiro a los que admiten su estupidez
Yo, al revés, confieso haberme probado
Los vestidos que no eran de mi talla
Es que les quedo grande
Mamá, átame el corsé desasfixiante
Que se ajusta a la medida de mi orgullo
Porque no voy a correr detrás de los que borran huellas
Que me piden cada día
En la misma extranjería donde sigo ilegal
Y radical
Pillada
¡Mierda!
Soy masoquista
Playas nudistas no me valen
Si el corazón está cerrado
Cuidado,
Que sois todos iguales

¿No?
Leyes, desigualdades
Y el amor asimétrico
Sería cuando yo te amo más que tú a mí
Y sales de rositas
Que te ahorraste
Comprándote los porros
Otras flores
Que no ponen en ramos
Para que las pongas sobre el tramo
De mi tumba solitaria
Y me la va excavando una funeraria
De nostalgias y sueños prohibidos
Ya cumplidos y arrepentidos
Días que pasé contigo
Y siempre tú no eres tú
Soy siempre por desgracia yo
Payasa anhelante de dolor
Que niega su abnegación
Y se enamora más
Cuestión de protección y de salud mental
Es no reutilizar el mismo puñal
Para la estocada de mi ser ya bien sangriento
Me muero de hambre
Y me gusta
¡La madre!
Ay, soy masoquista
Triste
Payasa

Por la cuerda floja voy borracha
Porque me quiero caer sobre un hacha
Y así me aplaudirá el alto tribunal
Por ser original
Aunque iba a hacerlo igual a Sylvia
Pero no tengo gas en casa, solo placas
Dentro del esqueleto todavía tibio
Mi mente no la elegía
Y me invito a un chupito de lejía
Esperando a que se me blanquee la consciencia
Se observa otra frecuencia
Atómica
Extrapolable
Alcohólica
Crónica
Inigualable
Libre
Fúnebre
Creyente
Subyacente
Y sobrehumana
sobreentendida
Acaricio la herida que me hiciste con tu uña
*Sozinha,* solo una
Echo de menos tu piel de seda
Bien hidratada con aloe vera
Y la verdad es siempre una
¡Todos huyen!
Y a mí me gusta

¡Shhh!
¿Me escucháis?
Os debo una confesión
Entre nosotros, por favor
Me enamoro pa sentirme muerta
Y viva
Y todos lo hacemos
Dolemos para ser más fuertes
Nos hacen volar alto
Nos hacen amar tanto
Nos hieren
Y desaparecen
De todos los recuerdos
Borrados como un pincho infectado
Y lo disfrutamos
Por las mañanas
De estos frutos podridos
Me hago un batido
Amargo con mis lagrimitas
Suspiros
¡No grites!
Cosita linda y guapa
Dame más
¡No te amo!
Dame más
¡No te quiero!
Dame más
¡No mereces nada bueno!
Dame más

Cántame
Mándame
Dame…
¡Ufff!
Más, más, más
¡Aaah!
Párate
¡Basta!
Alivio…
Catarsis
Crisis
Un éxtasis
Y una herida
Profunda
Las marcas
Muñecas rotas
Una cicatriz
Y fractura del alma
Me dejo llevar
Y tú, mamá
Tendrás la razón
Que soy masoquista
Anticonformista
Amante desenamorada
Armada con ganas
Y balas de amor
Desesperado y triste
Soy masoquista
Y ninfómana también (je, je, ¡qué bien!)

# Padres míos

Los creyentes preguntan.
Los ateos responden.
¿Para qué estoy rezando?
Pues porque te confunden
(estoy medio difunta).
Con las manos al cielo,
caigo postrada y nuda.
Mis pasiones desvelo,
arrastrando raíces
que me libren de males
que me encuentre en el mundo.
Ante los judiciales,
¡me proclamo vagabunda!

Padre nuestro que estás en el cielo,
santificado sea tu nombre
Nos sirve, sin duda, de consuelo,
pero hoy rezo por otro hombre.
Dulce Madre, no te alejes.
Tu vista de mí no apartes.
Te ruego que no te ofendas.
Rezo por otra mujer, que la guardes.

Padres míos,
quiero rezar por vosotros.
Os venero y lloro cubierta de sangre y noche.

Que la Iglesia me dé más vino con reproche
No tenemos rosarios,
utilizo estrellas.
Mi día a día de cuestas parece un calvario,
pero me salva vuestro amor tierno.
Cuando me ahogo en mi propio infierno,
comiendo el pan enmohecido,
recogiendo migajas y pecados con mi lengua,
al nacer me he envejecido.

Padres míos,
os pido perdón por haber volado del nido
que construisteis,
por ser libre y torpe (un disturbio enorme),
por odiar y no amar como me dijisteis.
Cuando con precaución,
os doy toda la razón,
actuando en función
de mi diurna salvación.
Aquí,
lejos de los lugares
a los que pertenece mi corazón,
me perdí y me encontré sin buscar.
Y seguí el llamar
del azul mar
de allí,
que me traga y luego escupe
espuma y arena,
verdades eternas.

Me embriaga la culpa
y así concebimos
sin que nos escucharan los vecinos
del Espíritu Santo,
Soledad, con mi amante.

Padres míos,
me siento sola en la compañía
y atacada en el abandono
que yo elegí.
Y ahora, sola con dos olas que os grabo,
nado sin nada y me despego del agua.
Lo recuerdo todo y no olvido nunca nada.
Parda tierra fértil de mi alma,
los pinares que se incrustan en mis venas.
Mi hogar es la ciudad de paz ajena.
Vendo los billetes siendo pasajera.
Lo que querido es menospreciado era.

Padres míos,
se rompen espejos, el tiempo no cura y pasa.
Vuestra hija, el cuerpo, arpas secas, acordes finales.
Os pido perdón y rezo
para que jamás regresen
los males.
Temo tanto perder las raíces
de nuestro árbol,
que mis ramas voy criando a solas.
Las espinas me dejaron ya mil cicatrices.

Sonrío porque soy la mejor de todas las actrices
del teatro en cenizas
y me envuelvo en bambalinas
de recuerdos vivos,
fugitivos,
míos.

Padres míos,
¿y para qué rezamos de rodillas?
Será para estar más cerca y juntarnos
con las raíces
de las que provenimos
y ver mejor las nubes
que nos saludan desde arriba.
Me pongo codiciosa e insaciable.
Aprieto las raíces, las abrazo,
que no me abandonen ni expulsen.
Me encadeno bien clavando cada brote.
No existe un privilegio que más me alborote.
Voy a traer el agua de todos los mares,
dispuesta a morir de sed entre nevascas marginales,
rezando estoy y aferrándome a sus bondades.
Hay bosques, selvas, arboledas ancestrales.
Hay frutos, flores, dioses, promesas impracticables.
Caigo postrada y nuda en el paraíso.
El amor de padres míos, más fuertes sus raíces.

Santificados sean vuestros nombres.
Amén.